Micha Luther

Von der Négritude zur Créolisation. Ein Vergleich der Philosophie von Édouard Glissant und Aimé Césaire

GRIN Verlag

Bibliografische Information der Deutschen Nationalbibliothek:

Die Deutsche Bibliothek verzeichnet diese Publikation in der Deutschen Nationalbibliografie; detaillierte bibliografische Daten sind im Internet über http://dnb.d-nb.de/ abrufbar.

Impressum:

Druck und Bindung: Books on Demand GmbH, Norderstedt Germany
ISBN: 978-3-656-82855-6

Dieses Buch bei GRIN:

http://www.grin.com/de/e-book/283195/von-der-negritude-zur-creolisation-ein-vergleich-der-philosophie-von-edouard

Albert-Ludwigs-Universität Freiburg
Romanisches Seminar
HS: Édouard Glissant – Poésies de la relation
15.12.2013
Micha Luther

Édouard Glissant und Aimé Césaire

Die Suche nach einer kulturellen Identität

Von der *Négritude* zur *Créolisation*

Einleitung

Aimé Césaire, geboren im Jahr 1913 in Basse-Pointe, Martinique, war in seiner Rolle als Politiker, aber auch als Dichter und vor allem als Vordenker einer antikolonialistischen Bewegung (*la Négritude*) prägend für die kulturelle und politische Entwicklung der Antillen. Édouard Glissant, geboren 1928 in Bezaudin, ebenfalls Martinique, entwickelte eine eigene Philosophie, die sich unter anderem auch an Césaire orientierte. Dabei geht es nicht nur im begrenzten Rahmen um die Frage der kulturellen Identitätssuche in der Karibik, sondern um eine Kulturtheorie, die Glissant auf die ganze Welt anwendet und dabei zum Teil die heutige Auffassung von Identität gänzlich in Frage stellt. In seinen zentralen Werken, wie etwa *Le Discours antillais* (1981)[1] oder *Poétique de la Relation (1990)*[2] prägt Glissant neue Begriffe, wie etwa die der *Créolisation*, *Relation*, *Identité*, *Rhizom* und *Chaos-monde.* Auch wenn die Begriffe und Theorien Glissants weitergehend sind und teilweise den Ansätzen Césaires möglicherweise sogar widersprechen, kann von einer gegenseitigen Beeinflussung beider Autoren ausgegangen werden. Allein die physische Nähe der beiden Schriftsteller führte immer wieder zu Begegnungen, wie z.B. schon 1940, als Césaire im Lycée Schoelcher in Martinique unterrichtete und u.a. auch Glissant zu seinen Schülern zählte. Allgemein anerkannt und gewürdigt gilt Césaire heute als einer der bedeutendsten Poeten und Politiker Martiniques. Sein Schaffen und politisches Engagement hat seit Mitte des 20. Jahrhunderts ein neues Selbstbewusstsein unter der schwarzen Bevölkerung der Antillen bewirkt, mit dem sie sich weiterentwickeln konnte. Glissant wiederum hat nicht kritiklos die Theorien Césaires übernommen, sondern einen anderen, neuen Ansatz zur Erklärung und zur Lösung der Identitätssuche gewählt. Dennoch hat auch Glissant die Errungenschaften Césaires anerkannt und geht in seinem Werk den Fragen nach, die sich eben erst durch Césaire aufdrängt haben. Somit hat auch Glissant von der Arbeit Césaires profitiert und greift auch immer wieder Ideen Césaires auf, um dazu Stellung zu nehmen und sie in die eigene Arbeit einzubinden.

Im Folgenden sollen nun zunächst die zentralen Begriffe Édouard Glissants anhand von ausgewählten Abschnitten seiner Werke erläutert werden. Hierzu orientiere ich mich in erster Linie an der 1996 erschienenen *Introduction à une poétique du Divers*, eine Zusammenfassung einer Vortragsreihe Glissants, bestehend aus vier Vorträ-

---

[1] Édouard Glissant: *Le discours antillais,* Paris, Gallimard, 2008.

[2] Édouard Glissant: *Poétique de la Relation,* Paris, Gallimard, 1990.

gen, die sich insbesondere mit dem Thema Kultur und Identität auseinandersetzen. Hinzu kommen zentrale Werke wie der *Discours antillais* (1981) und *Poétique de la Relation (1990).* Anschließend wende ich mich Césaires *Négritude* zu, die der *Antillanité* und *Créolisation* Glissants vorausging. Zur Verdeutlichung wird ein Theaterstück Césaires, eine Bearbeitung von Shakespeares *The Tempest (1623)* mit dem Titel *Une Tempête (1969),* herangezogen und schließlich Ansätze zu Glissants Theorien in Césaires Werk untersucht. Es soll unter anderem beobachtet werden, inwieweit Césaire die theoretische Grundlage für Glissants Überlegungen lieferte, welche Gemeinsamkeiten vorhanden sind, aber auch in welcher Weise sich die philosophischen Überlegungen beider Autoren unterscheiden.

I. Glissants Ausgangspunkt: Die Karibik und der amerikanische Kontinent

Glissant formuliert seine *Poétique de la Relation* ausgehend von der Situation in seiner Heimat Martinique. Die Karibik spielte für ihn eine ganz grundlegende Rolle, wenn es um die Frage der kulturellen Identität geht. Die dort ansässige Bevölkerung befindet sich in der besonderen Lage, dass ihre Kultur, anders als z.B. in Europa, von besonders vielen Faktoren beeinflusst und verändert wurde. So ist es aufgrund der historischen Ereignisse, also der Kolonisierung durch die Europäer, Ansiedlung afrikanischer Sklaven, aber auch Arbeiter aus dem asiatischen Raum und später als Département des französischen Staats, besonders schwierig, eine eindeutige Verwurzelung in einer bestimmten Identität bzw. Kultur festzustellen. Vielmehr handelt es sich um eine Kultur, die von zahlreichen unterschiedlichen Einflüssen in einem fortlaufenden Prozess gestaltet wird. Glissant versucht diese Entwicklung mit dem Begriff der *Créolisation* näher zu beschreiben. In seinem Aufsatz *Introduction à une poétique du Divers* geht er dabei zunächst von einem Vergleich der Landschaft der Karibik mit anderen Landschaften aus, etwa der des amerikanischen Kontinents oder der Landschaft Europas.

Glissant stellt fest, dass die Landschaft des amerikanischen Kontinents, also Nord- und Südamerika einschließlich der Karibik auf ihn einen ganz anderen Eindruck macht, als z.B. die Landschaft Europas. Die Landschaft Europas wirke für ihn wie ein ebenmäßiges Ganzes, das sich in einem festgelegten Rhythmus der Jahreszeiten bewegt. In Amerika hingegen spricht Glissant von einer Offenheit der Landschaft, einer *paysage*

„irrué".[3] In Bezaudin, seinem Geburtsort, erscheinen ihm die senkrecht abfallenden Terrassenkulturen und Baumreihen ganz ähnlich zu gewissen Landschaften in Peru. Die Karibik ist, wie Glissant meint, eine Art „Vorwort" zum amerikanischen Kontinent und dementsprechend „bezeichnend" für die amerikanische Welt. Hier geschah es, dass die verschifften afrikanischen Sklaven zuerst an Land gingen. Nichtsdestotrotz wurden diese Länder über lange Zeit hinweg kaum beachtet, mit einigen Ausnahmen, wie z.B. den revolutionären Bewegungen auf Haiti und Kuba. Glissant ist jedoch der Ansicht, dass gerade in dieser Umgebung Vorgänge sehr gut zu beobachten sind, die in dieser Weise nicht nur dort, sondern im ganzen amerikanischen Kontinent oder sogar in der ganzen Welt so geschehen[4].

I.1. Meso-, Euro- und Neo-Amerika und die Besiedlung

Glissant unterteilt den amerikanischen Kontinent in drei Kategorien, abhängig von den Siedlern, die ihn bewohnen: Das erste Amerika ist das der Völker, die schon immer dort waren (*Meso-Amerika)*. Das zweite ist das der Gruppen, die aus Europa zuzogen und auf dem neuen Kontinent jedoch die Sitten, Gebräuche und Traditionen ihrer Ursprungsländer bewahrt haben. Glissant nennt dies das *Euro-Amerika.* Beispiele hierfür wären etwa Quebec und gewisse Teile Kanadas und der USA. Schließlich gibt es noch einen speziellen Teil, nämlich das sogenannte *Neo-Amerika*, wie Glissant sagt, das Amerika der Kreolisierung. Auf eine genaue Erläuterung zu diesem Begriff soll hier später noch eingegangen werden. Zu diesem Teil zählt Glissant die Karibik, den Nordosten Brasiliens, die Guyanas und Curacao, den Süden der USA sowie Teile Venezuelas, Kolumbiens und Mexikos. Allerdings macht er deutlich, dass bei dieser Aufteilung keine genauen Grenzen gezogen werden können, da sich die verschiedenen Teile auch überlagern und gegenseitig beeinflussen. Zum Beispiel ist das Meso-Amerika in Kanada und Quebec ebenso zu finden wie in den USA. In jedem Fall, so Glissant, habe es in der Vergangenheit vor allem häufig Zusammenstöße und Konflikte zwischen diesen verschiedenen Teilen Amerikas gegeben. Das Neo-Amerika erhöht dabei seinen Einfluss auf das Meso- und Euro-Amerika[5].

---

[3] „Irrué" ist ein von Glissant selbst geschaffener Begriff und bedeutet hier „ausbrechend" oder „ausschlagend"; siehe auch: Édouard Glissant: *Introduction à une poétique du Divers*, Paris, Gallimard, 1996, S.11.

[4] Glissant: *Divers*, S.15.

[5] Ibid.: S. 14.

Auch in Bezug auf den Vorgang der Besiedlung des Kontinents unterscheidet Glissant zwischen drei Typen von Ansiedlern. Zunächst gibt es den „bewaffneten Migranten“. Er erobert das Land mit Gewalt und wird zum Gründer. Danach erscheint der „häusliche (familiäre) Migrant“, der große Teile des Landes besiedelt. Schließlich gibt es den „nackten Migranten“, der mit Gewalt auf den Kontinent gebracht wird. Dieser letzte Typ ist für den Vorgang der Kreolisierung von hoher Bedeutung. Durch ihn ist die Grundlage einer Besiedlung in „zirkulärer Form“ gegeben. Glissant möchte mit diesem Ausdruck abgrenzen von der Besiedlung durch die Kolonisation, welche im Gegensatz zur zirkulären Form wie ein „pfeilförmiger Vorstoß“ verläuft. Gemeint ist hier der Verlauf der Kreolisierung, welche sich nun also in „zirkulärer Form“, also spiralförmig ausbreitet und sich auf die alteingesessenen Teile Amerikas auswirkt[6].

I.2. Die Kreolisierung in der Karibik

Den genauen Vorgang der Kreolisierung erklärt Glissant anhand der Situation in der Karibik. Während das Mittelmeer in Europa ein Meer ist, das sammelt und konzentriert und in seiner Form geschlossen ist, ist die Karibische See ein offenes Meer, das weit streut. Um das Mittelmeer entstanden die Kulturen der monotheistischen Religionen, hier wird selbst unter Kriegen und Konflikten das Denken der Menschen auf das „Eine und die Einheit“ ausgerichtet.[7] In der Karibik hingegen besteht eine Streuung, die zur „Lebendigkeit der Vielfalt“ anregt. Hier sind sich über drei Jahrhunderte hinweg aus den unterschiedlichsten Weltgegenden kulturelle Elemente begegnet, die sich überlagerten und ineinander verschmolzen und schließlich etwas absolut Unvorhersehbares, absolut Unerwartetes schafften, eine „kreolische Realität“. Diesen Vorgang nennt Glissant als Beispiel für die Kreolisierung. In der Realität geschieht diese Kreolisierung Neo-Amerikas ebenso in Brasilien, an den Küsten der Karibik, auf den Inseln oder im Süden der USA. Obwohl hier die Bedingungen der Sklaverei und Unterdrückung herrschten, der Entrechtung durch die unterschiedlichsten Systeme der Sklaverei, vollzieht sich hier trotz dieser Rückschläge eine „tatsächliche Umwandlung des Seins“.

---

[6] Glissant: *Divers*, S. 14.

[7] Ibid.: S.15.

In Bezug auf die Kreolisierung stellt Glissant die folgende These auf:

> La créolisation qui se fait dans la Néo-Amérique, et la créolisation qui gagne les autres Amériques, est la même qui opère dans le monde entier. La thèse que je défendrai auprès de vous est que *le monde se créolise*, c'est-à-dire que les cultures du monde mises en contact de manière foudroyante et absolument consciente aujourd'hui les unes avec les autres se changent en s'échangeant en travers des heurts irrémissibles, des guerres sans pitié mais aussi des avancées de conscience et d'espoir [...].[8]

Glissant stellt also die Theorie auf, dass sich für den Prozess der Kreolisierung, den er in der Karibik in der Realität beobachtet, ein universaler Anspruch erheben lässt und dieser Prozess somit überall auf der Welt stattfindet oder zumindest stattfinden kann. Weiterhin stellt Glissant fest, dass bei diesem Prozess der Kreolisierung, welcher oft zu Konflikten führt, deutlich werde, dass die menschlichen Gesellschaften ungern aufgeben möchten, woran sie solange festgehalten haben, nämlich: „daß die Identität eines Seins nur dann etwas wert und erkennbar sei, wenn sie die Identität aller möglichen anderen Seinsweisen ausschließt."[9]

I.3. Das Denken der Spur

Wie sich die Kreolisierung in der Karibik vollzogen hat, wird an dem Beispiel der afrikanischen Sklaven deutlich, also der dritten Gruppe von Einwanderern. Hier spielt die besondere Situation der Gruppe eine Rolle, in der sie sich befand, als sie nach Amerika verschleppt wurde. Die ersten beiden Gruppen von Einwanderern, die aus freien Stücken aus Europa kamen, hatten die Möglichkeit ihre kulturellen Bräuche, ihre Musik, ihr Werkzeug, Religion usw. mitzubringen und weiterhin zu pflegen. Den Afrikanern fehlten jedoch bei ihrer Ankunft alle diese Dinge. Selbst die Sprache wurde ihnen genommen. Denn auf den Sklavenschiffen sowie auf den Plantagen war eine der ersten Maßnahmen, alle diejenigen, die dieselbe Sprache sprachen, voneinander zu trennen.[10] Diese Migranten mussten sich also auf andere Weise die alltäglichen Dinge neu beschaffen. Glissant führt hier einen neuen Begriff ein, nämlich den der „Spur" *(frz. la trace).* Die afrikanischen Migranten bilden sich ihre Sprache allein aus Spuren, die ihnen von der Vergangenheit bleiben, und ahmen Fertigkeiten nach, die für alle Gültig-

---

[8] Glissant: *Divers,* S.15;
Die Kreolisierung, die in Neo-Amerika stattfindet und die auf andere Teile Amerikas übergreift, wirkt auch überall auf der ganzen Welt. Ich behaupte also, *daß die Welt sich kreolisiert.* Schlagartig und dabei in vollem Bewußtsein, werden die Kulturen der Welt miteinander in Kontakt gebracht, verändern sich in ihrem Austausch, was häufig zu unabwendbaren Zusammenstößen, erbarmungslosen Kriegen führt, aber es sind auch Vorposten des Bewusstseins und der Hoffnung erkennbar [...] (Übersetzung: Beate Thill)

[9] Ibid.: S.15.

[10] Ibid.: S.17.

keit haben können. Während bei den Europäern alte Lieder und Traditionen für die Hochzeit, Trauerfeier, die Taufe gezielt gepflegt wurden, hatte der deportierte Afrikaner nur die Möglichkeit, aus einer vielfältigen, vagen Spur, einer teilweise erhaltenen Erinnerung, etwas Neues, völlig Unvorhersehbares zu erschaffen. So wurden z.B. die Kreolsprachen geschaffen und auch verschiedene Formen der Kunst, etwa der Jazz, eine Musik mit neuen Instrumenten, die aber auf afrikanischen Rhythmen basiert. Diese neuen Formen, die in der Karibik, in Brasilien und Nordamerika aus dem Denken der Spur heraus geschaffen wurden, stehen wiederum allen zur Verfügung. Dem Denken der Spur stellt Glissant das „Systemdenken" (*frz. les pensées de système*) gegenüber, welches aktuell in der Welt vorherrscht und das er als falsch ansieht[11].

I.4. Kreolisierung und Vielfalt: Gleichwertige Elemente werden in Beziehung zueinander gesetzt

Ein weiterer wichtiger Punkt, den Glissant in Bezug auf die Kreolisierung erläutert, ist die Gleichstellung der kulturellen Elemente, die miteinander in Kontakt gebracht werden. Glissant stellt fest, dass für eine erfolgreiche Kreolisierung diese kulturellen Elemente unbedingt als gleichrangig gelten müssen, denn sonst könne sich eine Kreolisierung nicht wirklich entwickeln. Zwar würde dennoch eine Entwicklung stattfinden, diese würde jedoch nur unvollständig und asymmetrisch verlaufen, am Ende würde immer ein „bitterer Rest" übrig bleiben[12]. Dies war in den meisten Ländern der Kreolisierung der Fall, indem nämlich die Bestandteile der schwarzen, afrikanischen Kultur stets als minderwertig hingestellt wurden. Es musste daher fast überall in *Neo-Amerika* zunächst ein Gleichgewicht zwischen den zusammengeführten kulturellen Elementen hergestellt werden. Hierbei spielte unter anderem auch Aimé Césaire eine ganz entscheidende Rolle, der mit dem Konzept der *Négritude* für eine völlige Neubewertung des afrikanischen Erbes sorgte und für eine Gleichbehandlung der Kulturen in der Karibik kämpfte. Zuvor jedoch wurde lange Zeit die Kreolisierung von der Herabsetzung verschiedener Kulturen untergraben. Dies geschah nicht nur mit der Kultur der afrikanischen Sklaven, sondern z.B. auch als nach der Sklavenbefreiung 1848 eine teilweise Besiedlung der Karibik mit indischen Migranten stattfand, denen Arbeitsplätze versprochen worden waren, die aber letztendlich ebenso wie Sklaven behandelt wurden. Eine

[11] Glissant: *Divers,* S.17.

[12] Ibid.: S.18.

Anerkennung der indischstämmigen Bevölkerung und ihrer Kultur dauerte sehr lange, besaß jedoch für die Kreolisierung eine sehr hohe Bedeutung.

Dies ist also einer der wichtigsten Aspekte der Kreolisierung, dass es eine Wertschätzung und Gleichbehandlung der verschiedenen kulturellen Elemente geben muss. Diese Elemente werden zueinander in *Beziehung* gesetzt, dies ist ein weiterer zentraler Begriff Glissants. Die Bestandteile der einzelnen Kulturen befinden sich in einem ständigen Prozess, bei dem sie zueinander in Beziehung gesetzt werden. Dabei können diese Elemente ganz unterschiedlich und heterogen beschaffen sein. Es handelt sich jedoch, wie Glissant betont, bei der Kreolisierung nicht einfach um eine Vermischung. Denn das Ergebnis einer Mischung ist vorhersehbar, wie etwa bei einer Kreuzung von verschiedenen Pflanzen oder Tieren. Hier lässt sich von vorneherein bestimmen, wie das Ergebnis aussehen soll. Die Kreolisierung ist dagegen unvorhersehbar, das Ergebnis kann niemand voraussagen. Überhaupt war es schon nicht absehbar, dass sich bei den Völkern Nord- und Südamerikas diese Entwicklung vollzog, die neue Kunstformen und Sprachen hervorbringen würde[13].

I.5. Kreol und Kreolsprachen

Den Begriff „Kreolisierung“ leitet Glissant vom Kreolischen ab. Die kreolische Sprache ist sozusagen die Verwirklichung der Kreolisierung. Sie zeigt anschaulich, wie etwas Neues, völlig Unvorhersehbares, entstanden ist. Das frankophone Kreol besteht z.B. aus den verschiedensten Elementen, die aus dem Kontakt bretonischer und normannischer Dialekte des 17. Jahrhunderts entstanden sind und sich einer Syntax bedienen, deren genaue Herkunft unbekannt ist und die in keinem Zusammenhang mit den oben genannten Variationen steht. Es wird vermutet, dass sie eine Art Synthese von Sprachen aus Westafrika darstellt. Die Kombination aus diesen heterogenen Elementen, die schließlich eine neue Sprache hervorbrachte, war also nicht vorhersehbar. Der Ursprung dieser Sprache begann wohl in Form eines Pidgin, das zweckbedingt das anfängliche Verständigungsproblem auf den karibischen Inseln lösen sollte. Wichtig bei der Bezeichnung „kreolisch“ ist laut Glissant die Tatsache, dass es sich um eine Sprache handelt, die aus mindestens zwei heterogenen Ausgangspunkten entstanden ist. Eine Verformung einer einzigen Sprache, wie z.B. die Sprache Jamaikas, würde Glissant nicht kreolisch nennen, auch wenn dies keine Minderwertigkeit bedeuten soll. Kreol-

[13] Glissant: *Divers*, S.19.

sprachen jedoch entstehen aus dem Aufeinanderprallen, dem „wechselseitigen Ineinander-Aufgehen“ sprachlicher Elemente, die von mindestens zwei völlig verschiedenen Ausgangspunkten ausgehen und die am Schluss ein völlig unvorhersehbares Resultat liefern. Schließlich stellt Glissant die These auf, dass man wohl jede Sprache, wenn man sie genau untersucht, als eine Kreolsprache betrachten kann.

Die Unterschiede zwischen den verschiedenen Orten, an denen es teilweise mehr, teilweise weniger zu Entstehungen von Kreolsprachen kommt, erklärt Glissant folgendermaßen: zum einen muss die sprachliche Grundlage hinreichend flexibel sein, so waren z.B. die französischen, normannischen und bretonischen Dialekte zu einem gewissen Grad „formbar“ und gestatteten so eine einfachere Kreolisierung. Die englische und die spanische Sprache waren hingegen bereits recht gefestigt und widerstanden daher eher einer Veränderung, was dazu führte, dass es in den englisch- oder spanischsprachigen Gebieten manchmal nicht zu einer richtigen Kreolisierung kam, was die Sprache betrifft. Ein zweiter Punkt ist, dass sprachliche Kreolisierung anscheinend besser auf kleinen, gut abgegrenzten Bereichen funktioniert, wie z.B. eben auf Inseln/Archipelen der Karibik, dem Indischen Ozean, den Kapverden usw. Hier wird die Kreolisierung schneller vollzogen als anderswo. Jedoch meint Glissant, dass sich diese Situation auch in ähnlicher Weise auf der ganzen Welt wiederfinden lässt:

> C'est pour ces raisons que je pense que le terme de créolisation s'applique à la situation actuelle du monde, c'est-à-dire à la situation où une « totalité terre » enfin réalisée permet qu'à l'intérieur de cette totalité (où il n'est plus aucune autorité « organique » et où tout est archipel) les éléments culturels les plus éloignés et les plus hétérogènes s'il se trouve puissent être mis en relation. Cela produit des résultantes imprévisibles.[14]

I.6. Alteingesessene und komplexe Kulturen

Glissant unterscheidet hinsichtlich der Kreolisierung außerdem zwischen zwei verschiedenen Arten von Kulturen, die einen unterschiedlichen Status im Prozess der Kreolisierung einnehmen und eine andere Sichtweise hinsichtlich ihrer eigenen Situation vertreten. Da wären zunächst die „alteingesessenen Kulturen“ (*frz. cultures ataviques*), deren Kreolisierung sich schon vor langer Zeit vollzogen hat. Auf der anderen Seite

---

[14] Glissant: *Divers*, S.22;
Insofern glaube ich, dass der Begriff der Kreolisierung sich auf die derzeitige Situation der Welt anwenden lässt, das heißt auf eine Situation, in der eine endlich erkannte „Totalität Erde“ es gestattet, dass innerhalb dieser Totalität (in der es keine „organische“ Autorität mehr gibt, in der alles Archipel ist) entfernteste und völlig heterogene Elemente unvermutet miteinander in Beziehung gesetzt werden können. Dies führt zu unvorhersehbaren Resultaten. (Übersetzung: Beate Thill)

befinden sich die „komplexen Kulturen“. Hier geschieht die Kreolisierung gewissermaßen vor unseren Augen. Für Glissant gehören hierzu z.B. die Länder der Karibik und andere Länder, die eine ähnliche zirkuläre Aufsplitterung aufweisen. Die komplexen Kulturen tendieren mit der Zeit dazu, zu alteingesessenen Kulturen zu werden, indem sie sich nämlich eine mit der Zeit erworbene Ehrwürdigkeit geben, um damit an Selbstvertrauen und Kühnheit zu gewinnen und sich so als Kultur durchzusetzen. Die alteingesessenen Kulturen tendieren wiederum dazu, sich mit der Zeit zu kreolisieren. Das bedeutet, sie stellen den Status ihrer Identität aus einer einzigen Wurzel in Frage, oder aber beginnen diese in „dramatischer Form“ zu verteidigen. Glissant sieht hier einen entscheidenden Missstand in der eigenen Auffassung vieler Kulturen z.B. Europas oder generell der westlichen Zivilisation. Nämlich „die arrogante und tödliche Auffassung“, dass die Identität einer Kultur aus einer einzigen Wurzel stammen müsse, die sich nur behaupten kann, indem sie den Anderen ausschließt[15].

I.7. Das Rhizom als Gegenstück zur einzelnen Wurzel

Glissant vertritt hingegen eine dieser Betrachtungsweise völlig entgegen gerichtete These, die, wie er sagt, auch die vorherrschende Sicht innerhalb der komplexen Kulturen ist. Hier wird die Identität nicht als eine einzelne Wurzel verstanden, sondern vielmehr als ein *Rhizom*, ein Wurzelgeflecht, aus dem im Prozess der Kreolisierung dann eine unvorhersehbare, neue Kultur entstehen kann. Dieser Prozess ist also das Zusammenwirken von ganz unterschiedlichen Wurzeln, die sich einander begegnen und sozusagen in Beziehung gesetzt werden. Das Problem, das dabei entsteht und das an vielen Orten heutzutage große Ängste auslöst, ist, dass dadurch ein Gefühl der Verwässerung des Eigenen entsteht. Es wird befürchtet: Wenn ich mich zu sehr auf den Anderen ausrichte, bin ich nicht mehr ich selbst, dann bin ich verloren! Laut Glissant stellt sich also im gegenwärtigen Szenario der Welt die Frage: Wie kann ich selbst sein, ohne mich für den Anderen zu verschließen, und wie kann ich mich für den Anderen öffnen, ohne mich selbst zu verlieren?[16]

Glissant selbst gibt auf diese Frage keine direkte Antwort, jedoch sagt er, dass eben diese Frage aufrecht erhalten werden muss, wenn man die tödlichen, blutigen Gegensätze der Welt vermeiden will.

---

[15] Glissant: *Divers,* S.23.

[16] Ibid.: S.23.

> Faut-il renoncer à la spiritualité, à la mentalité et à l'imaginaire mus par la conception d'une identité racine unique qui tue tout autour d'elle, pour entrer dans la *difficile* complexion d'une identité *relation,* d'une identité qui comporte une ouverture à l'autre, sans danger de dilution? [17]

Würden solche Fragen nicht gestellt, so lebt man laut Glissant nicht in Beziehung mit der realen Situation in der Welt. Einen Ansatz zur Lösung des Problems sieht Glissant in einer Art „Poetik der Beziehung", die helfen könnte, diese Phasen und Verwicklungen zu verstehen, in denen sich die Völker in der heutigen Welt befinden. Fest steht für ihn jedoch: man muss die Identität einer einzigen Wurzel verlassen, um die Wahrheit der Kreolisierung der Welt zu finden. Es kommt darauf an, das Systemdenken abzuwenden, da dieses starr und begrenzt ist. Vielmehr soll es nach Glissant ein „Denken der Spur" geben, welches der Komplexität und Vielfältigkeit der heutigen Welt gerecht wird.

I.8. Konflikte im Zuge der verschiedenen Auffassung von Identität

Glissant knüpft also den Begriff der kulturellen Identität an den Begriff des Rhizoms. Das Wurzelgeflecht, im Gegensatz zur einzelnen Wurzel, tötet nicht alles um sich herum ab, sondern vernetzt sich in der Begegnung mit Anderen. Kulturen, deren Identität sich nur aus einer einzelnen Wurzel herleitet, haben nicht immer alles um sich herum abgetötet, auch sie haben große Werke hervorgebracht. Jedoch sind diese Kulturen gewissermaßen konfliktgeladen. Eine alteingesessene Kultur hat z.B. eine festgesetzte Stammlinie und einen Ursprungsmythos, welcher dazu dient, in einem bestimmten Land Legitimität zu erreichen. Die alteingesessene Kultur erhebt also auch Anspruch auf ein bestimmtes Territorium. Diese Sichtweise führt aber eben sehr oft auch zu gewaltsamen Auseinandersetzungen. Zu Konflikten kann es aber auch kommen, wenn innerhalb einer Gemeinschaft alteingesessene und komplexe Kulturen aufeinandertreffen. So zum Beispiel in Mexiko, wo einerseits die alteingesessene Kultur der Ureinwohner existiert, auf der anderen Seite aber eine komplexe Kultur des heutigen Mexikos, die sich im Prozess der Kreolisierung befindet. So kommt es in bestimmten Bereichen immer wieder zu

---

[17] Glissant: *Divers, S. 23 f.;*
Müssen wir auf diese Mentalität verzichten, auf ihre Spiritualität, ihr Imaginäres, welche von der Auffassung einer Identität aus einer einzigen Wurzel ausgeht, da diese eine Wurzel alles um sich abtötet? Und trägt dies dazu bei, die Veranlagung zur Identität der Beziehung zu begründen, einer Identität, die Öffnung für den Anderen bedeutet ohne die Gefahr der Verwässerung des Eigenen? (Übersetzung: Beate Thill)

Konflikten zwischen der neuen, komplexen Kultur, die sich im Prozess der Veränderung befindet und Resten von alteingesessenen Kulturen[18].

Ebenso kann es geschehen, dass alteingesessene Kulturen, in einer Art Übergang vom Mythos zum Geschichtsbewusstsein, nicht nur ein bestimmtes Territorium als ihren absoluten Besitz ansehen, sondern sich sogar legitimiert sehen, diesen Besitz noch zu erweitern. Auf dieser Grundlage geschieht dann die koloniale Expansion.[19] Bei den komplexen Kulturen, den Gesellschaften der Kreolisierung, geschieht dies nicht, denn sie besitzen keinen derartigen Ursprungsmythos wie die alteingesessenen Kulturen. Hier wird demzufolge auch das Andere nicht ausgeschlossen oder versucht, ein bestimmtes Territorium zu beanspruchen oder zu erweitern. Vielmehr bildet sich die Identität um die „Verbindungslinien der weltweiten Beziehungen", also sozusagen im Geflecht, wobei stets auch alles Andrere als Bestandteil mit einbezogen wird.

Als Beispiel für die verheerende Auswirkung einer Denkweise, wie sie in den alteingesessenen Kulturen vorherrscht, führt Glissant die Situation der Roma in Europa ein. Dieses Volk, welches im Gegensatz zu anderen Völkern Europas keine Ansprüche auf ein bestimmtes Territorium erhebt, ist seit jeher ständiger Diskriminierung ausgesetzt. So werden ihnen vielerorts nicht nur viele Rechte verwehrt, sondern es kommt immer wieder zu regelrechten Pogromen, die sich gegen sie richten. Ein Aufruf der Roma zu einem internationalen Friedenskongress aus dem Jahre 1995, als der 1. Jugoslawienkrieg in vollem Gange war, zitiert Glissant zustimmend, um dabei einige Punkte aufzuzeigen: Es werde dabei für eine plurikulturelle Zivilgesellschaft geworben, die eben nicht mehr z.B. an die festen Grenzen von Territorien gebunden sei, sondern sich vielmehr als gemischt, weltoffen und zugleich einzigartig verstehe. Glissant sieht hierbei seine These unterstützt, dass sich der Begriff der Kreolisierung auf das „Welt-Ganze" anwenden lässt. Der Aufruf der Roma richtete sich an die ganze Welt. Ebenso werden Punkte wie die Vermischung, also das Denken des Rhizoms, die Öffnung zur Welt vermittelt und zwar gleichermaßen auf die Weise, dass all dies nicht im Widerspruch zur Einzigartigkeit und Identität steht. Glissant kommt zu dem Schluss, dass man eben solche politischen und sozialen Kämpfe in unserer heutigen Gesellschaft unterstützen muss, damit sie sich langsam der folgenden Erkenntnis annähern kann: Dass wir an der Situation der Völker in der Welt nichts ändern werden, wenn wir nicht die Vorstel-

[18] Glissant: *Divers*, S. 59.
[19] Ibid.: S. 63.

lung verändern, dass die Identität aus einer einzigen, starren und intoleranten Wurzel stammen müsse[20]. Heute im Welt-Ganzen zu leben bedeute, sich in Beziehung zu setzen und nicht den Ausschluss zu vollziehen.

I.9. Die Chaos Welt

Glissant ist der Auffassung, dass wir uns heute in einer „Chaos-Welt" befinden. Das Chaos ist in der Welt, weil das Unvorhersehbare (durch die Kreolisierung) in der Welt ist. Leider ist, auch durch eine Politisierung dieses Themas, das Bewusstsein der Menschen zu einem angstvollen Bewusstsein geworden. Es herrscht eine Angst vor der Chaos Welt, weil in ihr nicht mehr die Sicherheit gegeben ist, eine bestimmte Identität durch einen ganz bestimmten Ursprungsmythos und der damit verbundenen Legitimität über ein bestimmtes Gebiet herzustellen. In einer Chaos-Welt gibt es eben kein „Gelobtes Land" mehr, auf dem man sich niederlassen kann und keine einzelne Wurzel, die einem Legitimität garantiert. „Wir verzweifeln angesichts dieser Chaos-Welt, weil wir versuchen sie an einer souveränen Ordnung zu messen und sie zu einer beschränkenden Einheit zu führen"[21]. Glissant plädiert dafür, einzusehen, dass es sich bei dieser Chaos Welt nicht um ein schlechtes Chaos handelt, sondern dass es vielmehr ein schönes Chaos ist, solange man alle seine Bestandteile als gleich notwendig erachtet. Man sollte alle Kulturen in der Weise betrachten, dass sie gleichzeitig sowohl eine Einheit, als auch eine befreiende Vielfalt darstellen. Glissant fordert daher eine „Recht auf Opazität", d.h. es ist nicht notwendig, den Anderen von seinem eigenen Standpunkt aus zu „verstehen", das hieße „ihn auf das Modell der eigenen Transparenz zu reduzieren." Es ist auch mit dieser Opazität möglich, mit dem Anderen zusammenzuleben oder etwas mit ihm aufzubauen.

Zur Chaos-Welt gehören sowohl Verflechtungen wie auch Aufeinanderprallen, sowohl Abstoßungen wie auch Anziehungen, Übereinstimmungen und Gegensätze, sprich alle Vielfalt der heutigen Kulturen und Völker. Hier geschieht ein Prozess der ständigen Vermischung. Dieser Prozess geschieht tatsächlich oft, ohne dass die teilweise deutlichen Veränderungen als solche wahrgenommen werden, weil sie sich fortlaufend über längere Zeit hinziehen. Zum Beispiel hat es lange Zeit gedauert, bis die Bewohner des Landes, das einmal Frankreich werden sollte, sich als Franzosen verstanden.

[20] Glissant: *Divers*, S. 66.

[21] Ibid.: S.71. (Übersetzung: Beate Thill)

Es fand unmerklich eine große Beeinflussung der Beziehungen zwischen den Kulturen statt. Glissant meint, dass sich diese Weitläufigkeit im Laufe der Zeit verringert hat, sodass in der heutigen Gegenwart Veränderungen viel unmittelbarer spürbar sind als früher[22].

I.10. Das Systemdenken gegenüber dem poetischen Denken

Glissant stellt in seinen Ausführungen über die Chaos-Theorie zwei grundsätzliche Denkweisen gegenüber. Zuerst wäre da das Systemdenken, welches von einem linearen, deterministischen System ausgeht, welches darauf ausgelegt ist, alles von vorneherein zu bestimmen. Das Systemdenken ist starr und verfolgt die Regeln einer Mechanik. Auf der anderen Seite gibt es dagegen das Denken eines erratischen Systems (frz. *système erratique)*, welches unvorhersehbar und dynamisch ist. Diese Erratik erklärt Glissant z.B. an den Bewegungen von Blättern, die unter Einwirkung des Windes oder Regens von den Bäumen herunterfallen. Oder aber an der Unmöglichkeit, die Länge der bretonischen Küste genau zu bestimmen, da die Fluktuation der Küste an der Grenze zwischen Wasser und Land nicht vorhersehbar ist. Ebenso sind laut Glissant die Beziehungen zwischen Kulturen unvorhersehbar. Das Systemdenken sollte verhindern, dass Kulturen angesichts der Unvorhersehbarkeit der Dinge in Stagnation verfallen. Denn diese Gefahr besteht hinsichtlich eines erratischen Systems, dass man nämlich in eine Art zerstörerischen Pessimismus bzw. Nihilismus verfällt aufgrund dieser Unvorhersehbarkeit. Es stellt sich also die Frage, auch wenn das Systemdenken mit Sicherheit nicht besonders positiv einzuschätzen ist, ob nicht auch das erratische System einen Mangel darstellt. Glissant hält dem entgegen, dass man sich in der Gegenwart, in der man lebt, nicht mehr auf empirische oder systematische Weise versuchen sollte einzustimmen, sondern auf eine poetische Weise. Da also keinerlei „globale Maßnahme", sei sie politisch, wirtschaftlich oder militärisch, in der Lage sei, eine Lösung für die Widersprüche des erratischen Systems zu liefern, müsse im Denken der Menschen eine Poetik entstehen, so dass sie sich als menschliche Gemeinschaft, als ein Wurzelgeflecht und nicht als einzelne Wurzel verstehen[23].

Eine Lösung für die Identitätsfrage innerhalb eines Systemdenkens gibt es sonst nicht. Weder durch einen Appell zur Toleranz, dem „Luxus der Denksysteme", noch

[22] Glissant: *Divers,* S.82.

[23] Ibid.: S.85f..

durch den Griff zur Gewalt. So geschieht es bei kriegerischen Auseinandersetzungen immer wieder, dass man sagt: beispielsweise in Jugoslawien seien die Bosnier schuld, die Serben oder die kroatischen Muslime. Hier wird wieder der alte Starrsinn gewählt und man unterscheidet „Opfer und Henker" je nachdem, welches Lager man bevorzugt.

> Il ne faut jamais hésiter à défendre l'opprimé et l'offensé, mais le problème est de changer la notion même, la profondeur même du vécu que nous avons de notre identité et de concevoir que seulement l'imaginaire du Tout-monde (c'est-à-dire le fait que je puisse vivre dans mon lieu en étant en relation avec la totalité-monde), seulement cet imaginaire-là peut nous faire dépasser ces sortes de limites fondamentales que personne ne veut dépasser.[24]

Besonders wichtig für das Begreifen eines erratischen Systems ist auch die Berücksichtigung von „Anfangsbedingungen" einer Kultur, so Glissant. Denn bereits geringfügige Veränderungen in den Anfangsparametern können sich innerhalb eines erratischen Systems unendlich fortsetzen. Will man beispielsweise die heutige Situation Afrikas, die entsetzliche Armut, verstehen, können wir das nur, wenn wir eine Sensitivität für die Anfangsbedingungen entwickeln. Die Erinnerung an den schrecklichen Sklavenhandel, die Entvölkerung und Zerstörungen in Afrika über mehrere Jahrhunderte. Es ist also unmöglich, das erratische System des afrikanischen Kontinents zu betrachten, ohne auf diese „Empfindlichkeit" einzugehen, die die Anfangsbedingungen des jahrhundertlangen Sklavenhandels geschaffen haben[25]. An diese Anfangsbedingung hatte auch Aimé Césaire angeknüpft, als er die Bewegung der *Négritude* auf den Antillen mitgründete. Nämlich die furchtbare Kolonisierung und Verschleppung der afrikanischen Sklaven von Afrika nach Amerika, wo sich dann neue kulturelle Formen herausbildeten, die aber anfangs auf unsicheren Füßen standen. Césaire geht bei der Frage nach der Identität der Kultur der Antillen einem ganz bestimmten Ziel entgegen: der Neuorientierung am Anfang, am afrikanischen Kontinent.

---

[24] Glissant.: *Divers, S.91.*
Man soll nie zögern die Unterdrückten und Beleidigten zu verteidigen, aber das Problem liegt in der Tiefe unserer Auffassung von Identität, sie ist zu verändern, damit wir begreifen, dass nur das Imaginäre der All-Welt (d.h. die Tatsache, dass ich an meinem Ort in einer Beziehung zum Welt-Ganzen leben kann), dass nur diese Vorstellung uns die grundsätzliche Beschränkungen überwinden hilft, die keiner überwinden möchte. (Übersetzung: Beate Thill)

[25] Glissant: *Antillais*, S.16.

II. Aimé Césaire und die *Négritude*

Die Theorien Edouard Glissants wären wohl nicht in dieser Weise entstanden, hätte es nicht bereits zuvor eine breite Diskussion zwischen den Intellektuellen der Karibik gegeben, die sich mit der Identitätsproblematik der dortigen Kulturen beschäftigten. Eine besonders einflussreiche Rolle spielte hier eben Aimé Césaire, der zusammen mit anderen wie L.S. Senghor und L.G. Damas das Konzept der *Négritude* entwarf. Die *Négritude* beschreibt eine Neuorientierung in der Karibik, die sich sehr stark an der afrikanischen Herkunft der in der Karibik lebenden Schwarzen orientiert. Es wurde ein neues Selbstbewusstsein geschaffen, um sich gegenüber dem Rassismus der weißen Kolonisatoren besser behaupten zu können. Dieses Konzept der *Négritude* entwickelte sich später (eben auch unter Einfluss z.B. von Edouard Glissant) weiter zur sogenannten *Creolité* bzw. *Antillanité*[26], die sich an Glissants Konzept der *Créolisation* inhaltlich sehr stark anlehnt. Es soll hier aber zunächst auf die *Négritude* eingegangen werden. Zur Verdeutlichung sollen dazu im weiteren Verlauf Ausschnitte aus Césaires Theaterstück „Une tempête" hinzugezogen werden, um zu zeigen, wie sich Césaires Konzept der *Négritude* darin manifestiert. Dabei wird deutlich, wie Glissant in seinem Denken einerseits daran anknüpft und andererseits auch darüber hinausgeht.

Der Begriff der *Négritude* beschreibt in erster Linie das Spannungsfeld zwischen der europäischen und der afrikanischen Welt[27]. Es geht also um den Konflikt zwischen diesen beiden Polen auf den verschiedensten Ebenen: kulturell, intellektuell, ideologisch, soziologisch, literarisch und historisch. Césaire wollte mit der *Négritude* eine Emanzipation bewirken[28]. Es genügt jedoch nicht, sich zu befreien (schließlich wurde die Sklaverei bereits 1848 abgeschafft), sondern man muss die sozialen, kulturellen und ideologischen Realitäten erkennen, um Eigenständigkeit zu erreichen. Man könnte die *Négritude* in diesem Sinne also als Aufklärung verstehen, als Emanzipation der damaligen Sklaven, als Identitätsfindungsprozess, und als Geschichtsschreibung zur Fundierung dieser Identität[29]. Aufklärung bedeutet im Werk von Césaire eine revolutionäre Veränderung des Europa- und Afrikabildes sowie des dazugehörigen rassistischen Men-

---

[26] Die *Créolité* bzw. bei Glissant die *Antillanité* stehen für Bewegungen auf den Antillen, die im Gegensatz zur *Négritude* nicht die Bedeutung Afrikas in den Mittelpunkt stellen, sondern hier wird die Bedeutung der Antillen als eigenständige kulturelle Entwicklung hervorgehoben, die durch die Kreolisierung eine völlig neue Welt geschaffen hat.

[27] Quirin Wildgen: Aimé *Césaire zwischen Poesie und Politik*, Lang, Frankfurt, 2010, S.40.

[28] emancipare (lat.): einen erwachsenen Sohn oder Sklaven aus der väterlichen Gewalt in die Selbstständigkeit entlassen.

[29] Wildgen: *Césaire*, S.41.

schenbilds. Ihr Ziel ist es, „die Illusionen zu zerstören, die die westliche Welt in den letzten drei Jahrhunderten kreiert hat“[30].

An erster Stelle steht die Kritik an der europäischen Zivilisation. Die *Négritude* ist eine Folge aus der Kolonisationspolitik der Europäer und ist als Resultat der kolonialen Erfahrungen zu verstehen. Das vorherrschende Bild von Afrika war durch die Europäer geprägt. Durch seine Kritik an der europäischen Zivilisation rüttelt Césaire zur gleichen Zeit an der Rechtmäßigkeit und Authentizität dieses dominierenden Afrikabildes. Am deutlichsten formuliert er seine Kritik in seinem Aufsatz *Discours sur le colonialisme* aus dem Jahr 1950. Er verweist dabei sehr oft auch auf die Schrecken des Zweiten Weltkriegs und des Faschismus, welche für Césaire die Abgründe der westlichen Zivilisation offenbart haben:

> Ob man es will oder nicht: am Ende der Sackgasse Europa, ich meine das Europa der Adenauer, Schuman, Bildault und einiger anderer wartet Hitler. Am Ende des Kapitalismus, der sich selbst zu überleben trachtet, wartet Hitler. Am Ende des formalen Humanismus und des philosophischen Verzichts wartet Hitler[31].

Der Faschismus wird also sozusagen als Vollendung einer kranken Zivilisation gesehen, die schon seit vielen Generationen infiziert ist. Den Rassismus sieht Césaire als das grundlegende Problem, von dem Europa schon lange befallen ist. Césaire ordnet also die Thematik des Sklavenhandels und der Kolonisierung direkt in die Kontinuität der Geschichte Europas ein und stellt diese in Zusammenhang mit dem vorherrschenden Rassismus. In erster Linie bezieht sich die Kritik auf die Kolonisierung und die Unfähigkeit der westlichen Zivilisation, mit den aus ihr entstandenen Problemen umzugehen. Césaire bezeichnet dabei den Rassismus als „Gift in den Adern Europas“. Auch die Kirche kritisiert Césaire für ihre Einflussnahme im Rahmen der Kolonisierung. Sie fungierte ihm zufolge als ein „Arm der Kolonisierung“ und lieferte mit der Gleichung „Christentum= Zivilisation; Heidentum = Barbarei“ einen Grundpfeiler der rassistischen Ideologie, die die Existenz einer afrikanischen Kultur generell ausschließt[32].

Césaire ist der Auffassung, dass die Geschichte und Kultur Afrikas von den Europäern immer wieder falsch dargestellt wurde. Er entwirft seinerseits ein völlig anderes Bild von Afrika und einer Kultur, die zum Fortschritt menschlicher Zivilisation einen wesentlichen Beitrag leistet und geleistet hat. Er orientiert sich dabei unter anderem

---

[30] Nach Wildgen: *Césaire*, S.41.

[31] Ibid.: S.43f..

[32] Ibid.: S.45.

auch am deutschen Ethnologen Leo Frobenius. Auch weil Césaire selbst nicht in Afrika lebte, musste er sich zur Fundierung seiner Theorien auf die Werke anderer berufen. Leo Frobenius, geboren 1873 in Berlin, beschrieb die afrikanischen Kulturen mit Begeisterung und entwarf auch eine kulturphilosophische Theorie, die Césaire als Grundlage diente. Frobenius war seiner Zeit weit voraus, als er 1925 schrieb:

> Ich habe drüben [in Afrika] große, starke Kulturformen bei dunklen wenig beachteten Rassen, in Europa kleine und kümmerliche Kulturreste bei großen, hochgestellten Menschen gesehen – und umgekehrt -, [...] Bessere Menschen gibt es weder hier noch dort [...] Die Idee des „Neger Barbaren" ist eine europäische Erfindung, die im Gegenzug Europa bis zum Anfang dieses Jahrhunderts beherrscht hat."[33]

In einem von Césaire 1942 veröffentlichen Aufsatz *Que signifie pour nous l'Afrique?* Führt Frobenius seine Kritik weiter:

> Jedoch war der Sklavenhandel nie risikolos: man bedurfte einer Rechtfertigung und so wurde aus dem Schwarzen ein Tier gemacht, eine Ware. Folglich wurde auch der Begriff des Fetischismus erfunden, als Symbol für die afrikanische Religion.[34]

Für Césaire war der afrikanische Kontinent wie eine Art Paradies, aus dem man verjagt wurde. In seinem Werk *Cahier d'un retour au pays natal* (1939) geht es unter anderem auch um eine Rückkehr nach Afrika. In seinen Ausführungen wird der Kontinent in mystischer Weise beschrieben, teilweise in surrealistischen Versen, aber immer auch vermischt mit historischen Bezügen zu afrikanischen Hochkulturen. Afrika erscheint dabei zum Teil als Projektionsfläche einer gerechten und idealen Gesellschaft.

> Brüderliches Gehege für alle Winde der Welt.
> Bett und nicht Gosse für alle Wasser der Welt.
> Funken vom heiligen Feuer der Welt.
> Fleisch vom Fleisch der Welt, bebend im Beben der Welt.
> Laue Frühe der Ahnentugend.
>
> Es waren Gesellschaften, die zum Wohle aller funktionierten, nicht zum Wohle einiger weniger durch alle. Es waren Gesellschaften, die nicht nur, wie es heißt, vorkapitalistisch, sondern die auch antikapitalistisch waren. Es waren kooperative Gesellschaften, brüderliche Gesellschaften.[35]

Immer wieder übt er dabei Kritik an der westlichen Zivilisation, die er für die Zerstörung Afrikas verantwortlich macht:

> Man erzählt mir von Fortschritt, von „Leistungen", von geheilten Krankheiten, von weit über das ursprüngliche Niveau gehobenem Lebensstandart.
>
> Ich aber spreche von Gesellschaften, die um sich selbst gebracht wurden, von zertretenen Kulturen, von ausgehöhlten Institutionen, von beschlagnahmtem Land, von ermordeten Religionen, von vernichteter Kunst, von außerordentlichen Möglichkeiten, die unterdrückt wurden.[36]

---

[33] Nach Wildgen: *Césaire*, S.47.

[34] Ibid.: S. 47.

[35] Ibid.: S.48f..

II.1. *Une tempête:* ein Theaterstück der *Négritude*

In den späten 50er und 60er Jahren wendet sich Césaire verstärkt dem Schreiben von Theaterstücken zu. Den Vorteil im Theater sieht Césaire besonders darin, dass hier eine deutliche Sprache gesprochen würde, die es möglich macht, sein Anliegen gut unter den Menschen zu verbreiten. So könnten auch Analphabeten einen Zugang zu dem bekommen, was Césaire ausdrücken möchte.

> Ein schwarzer Poet kann sich nicht in seinem Elfenbeinturm einschließen, es gibt Dinge, die vermittelt werden müssen [...] man muss klar und deutlich sprechen, um die Botschaft zu vermitteln.[37]

Im letzten von ihm verfassten Theaterstück *Une tempête* aus dem Jahre 1969 wird der Aufstand eines schwarzen Sklaven gegen die Überheblichkeit des weißen Kolonisators beschrieben. Hier lässt sich die Theorie der *Négritude* und die Konsequenz, die im Sinne Césaires daraus gezogen wird, veranschaulichen.

Une tempête ist eine Neuinterpretation von Shakespeares Theaterstück *The tempest.* Beide Stücke spielen auf einer nicht näher bestimmten Insel, auf der sich der ehemalige Herzog von Mailand (Prospero) im Exil befindet, nachdem er durch eine Intrige seines Bruders (Antonio) aus seinem Amt vertrieben wurde und gezwungen war das Land zu verlassen. Im weiteren Verlauf geht es bei Shakespeare vor allem um die politischen bzw. familiären Konflikte Prosperos und die Zurückerlangung seines Amtes als rechtmäßiger Herzog.

Bei Césaire wird ein gänzlich anderer Fokus gesetzt. Dabei steht eine Figur im Mittelpunkt, die bei Shakespeare nur eine Nebenrolle einnimmt: Prosperos schwarzer Sklave Caliban. Bei Shakespeare wird dieser als „wilder und missgestalteter Sklave" beschrieben, der seinem Besitzer Prospero in jeder Hinsicht unterlegen ist. Am Ende wird dieser bei Shakespeare von Prospero aus seinem Dienst entlassen, nachdem dieser zu seinem rechtmäßigen Herzogsamt zurückkehren kann. Bei Césaire wird Caliban zu einem revolutionären Charakter erhoben, der sich aus den Fängen Prosperos mit eigener Kraft zu befreien ersucht, was ihm am Schluss auch gelingt. Er steht dabei für die unterdrückten Sklaven, die unter der Herrschaft des weißen Kolonisators leiden. Auch wird die Ausgangssituation bei Césaire anders dargestellt: während bei Shakespeare nicht näher auf die Vorgeschichte der Insel eingegangen wird, wird bei Césaire klar

---

[36] Nach Wildgen: *Césaire,* S.50.

[37] Ibid.: S.80.

deutlich: Caliban wäre der rechtmäßige Herrscher der Insel, hätte nicht Prospero die Macht an sich gerissen. So wurde er nach Prosperos Ankunft gezwungen sich diesem zu unterwerfen und seine Macht abzugeben. Während Caliban bei Shakespeare nicht oft zu Wort kommt, widersetzt er sich bei Césaire auf wortgewandte Weise den Befehlen Prosperos und hält diesem vor, dass er anfangs von Calibans Wissen Gebrauch gemacht hätte, nur um ihn schließlich zu versklaven:

> CALIBAN [zu Prospero]: C'est ça! Au début, Monsieur me cajolait: Mon cher Caliban par çi, mon petit Caliban par là ! Dame ! Qu'aurais-tu fait sans moi, dans cette contrée inconnue? Ingrat! Je t'ai appris les arbres, les fruits, les oiseaux, les saisons, et maintenant je t'en fous... Caliban la brute! Caliban l'esclave ! Recette connue! L'orange pressée, on en rejette l'écorce.[38]

Ein weiterer Unterschied bei Césaire ist der Mulatte Ariel (bei Shakespeare *ein Luftgeist*). Dieser wurde bei Césaire ebenso wie Caliban Prosperos Macht unterworfen. Im Gegensatz zu Caliban plädiert er jedoch dafür, sich Prospero nicht gewaltsam zu widersetzen und seinem Willen zu folgen, da er dessen Macht fürchtet:

> ARIEL: [...]. Mais tu sais bien que tu ne peux l'arracher maintenant et qu'il est le plus fort. Je suis bien placé pour savoir ce qu'il a dans son arsenal.
>
> CALIBAN: Le plus fort? Qu'en sais-tu? La faiblesse a toujours mille moyens que seule la couardise nous empêche d'inventorier.
>
> ARIEL: Je ne crois pas à la violence.
>
> CALIBAN: A quoi crois-tu donc? A la lâcheté? A la démission ? A la génuflexion? C'est ça! On te frappe sur la joue droite, tu tends la joue gauche. On te botte la fesse gauche, tu tends la fesse droite [...][39]

Ariel will stattdessen versuchen, Prospero zur Einsicht zu bringen und an sein Gewissen zu appellieren, dass er seine Ungerechtigkeiten erkennt.[40] Caliban hingegen glaubt nicht an ein Gewissen Prosperos.

Im weiteren Verlauf des Stückes versucht Caliban mithilfe einiger Anhänger, Prospero zu stürzen, was jedoch nicht gelingt, jedenfalls nicht komplett. Im dritten Akt kommt es dabei zu einer Abrechnung Calibans mit Prospero, als Caliban in einer langen Tirade voller Missachtung Prospero seine Fehler vorhält:

> CALIBAN: Il faut que tu comprennes, Prospero: des années j'ai courbé la tête, des années j'ai accepté, tout accepté : tes insultes, ton ingratitude ; pis encore plus dégradante que tout le reste, ta condescendance. Mais maintenant c'est fini ! Fini tu entends ! Bien sûr, pour le moment tu es

[38] Aimé Césaire: *Une tempête,* Paris, Seuil, 1969, S.26.

[39] Ibid.: S.36f..

[40] Diese zwei Sichtweisen erinnern auch an zwei grundlegend verschiedene Methoden des Widerstands gegen den weißen Rassismus, wie sie z.B. auch in der schwarzen Bürgerrechtsbewegung in Amerika Mitte des 20. Jahrhunderts vorherrschten. Auf der einen Seite die Methoden der revolutionären und teils auch gewaltbereiten Bewegung (Malcom X/ Black Panthers) auf der einen Seite die Sichtweise des gewaltlosen Widerstands unter Martin Luther King.

> encore le plus fort. Mais ta forçe, je m'en moque, comme de tes chiens, d'ailleurs, de ta police, de tes inventions ! […]
>
> Le mensonge, ça te connaît. Et tu m'as tellement menti, menti sur le monde, menti sur moi-même, que tu as fini par m'imposer une image de moi-même : Un sous-développé, comme tu dis, un sous-capable, voilà comment tu m'as obligé à me voir, et cette image, je la hais ! Et elle est fausse ! Mais maintenant, je te connais, vieux cancer, et je me connais aussi! […]
>
> A propos, tu as une occasion d'en finir : Tu peux foutre le camp. Tu peux rentrer en Europe. Mais je t'en fous ! Je suis sûr que tu ne partiras pas ! Ça me fait rigoler ta « mission », ta « vocation » ! Ta vocation est de m'emmerder! Et voilà pourquoi tu resteras, comme ces mecs qui ont fait les colonies et qui ne peuvent plus vivre ailleurs. Un vieil intoxiqué, voilà ce que tu es ![41]

Das Ende des Stückes ist bei Césaire sehr offen gehalten. Im Gegensatz zu Shakespeares Version verlässt Prospero nicht die Insel und entlässt seinen Sklaven Caliban nicht in die Freiheit. Prospero verbleibt vielmehr auf der Insel allein mit Caliban. Jedoch altert Prospero, er wird müde und ausdruckslos, so dass Caliban letztlich doch frei ist, da Prospero keine Gewalt mehr über ihn hat. Prospero versucht noch bis zum Schluss die Kontrolle zu bewahren und um sich herum „die Zivilisation [zu] verteidigen", es wird aber zunehmend unangenehm kalt und Beutelratten scharen sich um ihn. Er ruft Caliban um Hilfe, doch dieser ist bereits aufgebrochen und singt in der Ferne ein Lied: „Die Freiheit Ohé! Die Freiheit!"[42].

III. Césaire als Vordenker für Glissants *Antillanité*

Césaire zeigt mit seinem Stück die Arroganz des weißen, europäischen Kolonisators gegenüber dem schwarzen, kolonisierten Sklaven. Er äußert somit gleichzeitig Kritik an der in Hinblick auf die Kolonisierung einseitigen Darstellung Shakespeares. Somit ist das Stück in erster Linie ein antikolonialistisches Stück. Der Anti-Kolonialismus ist das zentrale Thema Césaires, welches er immer wieder aufgreift. Die *Négritude* ist die Basis dieses Anti-Kolonialismus. Sie diente dazu, ein neues Selbstbewusstsein der Schwarzen zu schaffen, damit der Widerstand erhalten bleibt, wie er auch in der Figur des Caliban vorbildhaft dargestellt wird. Es ist also in Césaires Sinne, die Identität der Versklavten zu diesem Zwecke zu stärken oder besser gesagt ihr wieder zu alter Kraft zu verhelfen. Es bleibt im Vergleich zu Glissant jedoch eine klare Bipolarität erhalten zwischen den beiden Identitäten, nämlich der afrikanischen Identität und der europäischen auf der anderen Seite. Die Rollen in *Une tempête* sind in dieser Hinsicht

---

[41] Césaire: *Tempête, S.88f..*

[42] Ibid.: S.92.

klar verteilt: Prospero steht für das überhebliche Europa, Caliban für das unterworfene Afrika. Césaire vertritt hier offensichtlich auch die Ansicht einer jeweils einzelnen Wurzel, nur dass er eben die afrikanische Wurzel noch stärken möchte, um ihre Auslöschung zu verhindern. Es geht in diesem Stück also noch nicht in erster Linie um eine Kreolisierung im Sinne Glissants.

Glissant und Césaire stimmen in der Verurteilung der Kolonisierung überein. Glissant verurteilt die Kolonisierung, indem er sagt, dass es unbedingt notwendig ist, dass die einzelnen Bestandteile, die Wurzeln, die miteinander in Beziehung geraten, als gleichwertig anzusehen. Es kann sich sonst keine oder kaum eine Kreolisierung in Glissants Sinne vollziehen. Dieses Ungleichgewicht ist bei der Kolonisierung definitiv vorhanden, da es hier immer eine Kultur gibt, die die andere als minderwertig ansieht und deren Einflüsse vehement unterdrückt. Ich erinnere an die Aussage Glissants: auch wenn eine der in Verbindung gebrachten Kulturen die andere als minderwertig betrachtet, kann es zu einer Kreolisierung kommen, diese würde aber stets asymmetrisch und auch unvollständig verlaufen. Daher kommt es auch auf der Insel in *Une tempête* zu keiner richtigen Kreolisierung, zumindest nicht im dargestellten Zeitabschnitt. Prospero sieht Caliban stets als minderwertig. Er versucht zu verhindern, dass Caliban seine Muttersprache spricht, die er als „barbarisch" bezeichnet. Alles, was Prospero Caliban beibringt, dient dazu, dass dieser ihm dienen und seinen Befehlen folgen kann, dazu braucht er z.B. rudimentäre Sprachkenntnisse der europäischen Sprache. Diese wird Caliban sozusagen aufgedrängt. Es sind keine zwei gleichwertigen Sprachen vorhanden, aus denen dann im Zuge einer Kreolisierung etwas völlig Neues, Unerwartetes entstehen würde, wie z.B. eine Kreolsprache.

Das Thema von *Une tempête* ist also nicht die Kreolisierung, sondern zunächst die Überwindung des Kolonialismus. Diese Überwindung ist auch für Glissant unbedingt notwendig. Allerdings verdient das Ende des Stückes auch in Bezug auf die Thesen Glissants besondere Beachtung. Césaire lässt hier ganz bewusst eine Offenheit, durch die sich neue Fragen aufdrängen, die eben für Glissant ganz elementare Bedeutung hatten und an denen er angeknüpft hat. Ist der Kolonialismus zunächst überwunden, stellen sich neue Probleme. Die Problematik fasst Césaire zunächst mit folgenden Worten zusammen:

> Die Freiheit ist sehr gut [...] nur wenn man sie mal hat, muss man wissen, was man mit ihr macht. Die Befreiung ist episch, der folgende Tag tragisch. Das ist das Problem, das ich im Kopf hatte. [...] es ist der Schwarze, der mit der Notwendigkeit konfrontiert ist, dass er ein Land aufbauen muss, einen Staat errichten muss.[43]

Man fragt sich: Wie geht es weiter? Ist die Kolonisierung einmal überwunden, stellte sich die Frage, wie Stabilität und Selbstständigkeit erreicht werden könnte. Damit einher geht auch die Frage nach dem Selbstbewusstsein einer neuen Kultur, die Frage nach der kulturellen Identität. Vielleicht sucht man, wie Césaire, nach einer bestimmten einzelnen Wurzel, z.B. in Afrika und versucht sich auf diese zu berufen und sie zu stärken. Glissant hingegen stellt Fragen, die weit darüber hinaus gehen und auch nicht nur die Situation der ehemals kolonisierten Länder oder die Länder in *Neo-Amerika,* sondern die gesamte Welt betreffen. Wie bereits erwähnt, sind es die Fragen der heutigen Zeit, die Glissant in den Mittelpunkt stellt: wie lässt sich das Systemdenken überwinden, nach dem jede Kultur von einer einzigen Wurzel ausgeht, die alles andere ausschließt, um ihre Existenz und territoriale Ausbreitung zu legitimieren? Glissant selbst liefert keine direkte Antwort, doch vereinfacht gesagt muss man laut Glissant eine Art Poetik der Beziehungen entwickeln, die auf die Erkenntnis hinauslaufen soll, dass die Welt ein Chaos darstellt und in dem Prozess der Kreolisierung immer wieder neue, völlig unvorhersehbare Dinge entstehen. Wir müssen verstehen, dieses Chaos nicht als negativ zu empfinden, nur weil es sich nicht im Sinne eines Systemdenkens genau bestimmen und voraussagen lässt. Aus dem Chaos entsteht das Wurzelgeflecht der Beziehungen. Solch ein Wurzelgeflecht findet sich laut Glissant im Zuge der Kreolisierung auch in den Ländern der Antillen wieder, wo etwas völlig Neues entsteht. Er widerspricht also Césaire in der Auffassung, dass sich die Kulturen der Antillen an Afrika orientieren sollten, und hält als Gegenkonzept zu Césaire die Theorie der Antillanité entgegen, die besagt, dass eben auch die Antillen sich im Prozess der Kreolisierung befinden und etwas Unabhängiges, Neues entwickeln.

Resumée

Aimé Césaire und Édouard Glissant unterscheiden sich in ihren Ausgangspunkten wesentlich voneinander. Die stark auf Afrika konzentrierte *Négritude* Césaires konnte zwar ein neues Selbstbewusstsein in den kolonisierten Ländern schaffen und half der Kolonisierung entgegen zu wirken, sie liefert aber keine Antworten auf die Fragen, die Glis-

[43] Nach Wildgen: *Césaire,* S.82.

sant stellt in Zusammenhang mit der Kreolisierung der Welt. Für Glissant ist die afrikanische Kultur auch nur ein Einfluss von vielen, der seine Entfaltung in der von ihm gewünschten Poetik der Vielfalt und der Beziehungen erfährt. Auch sieht Glissant die *Négritude* als eine Ausflucht, die von den eigentlichen Problemen z.B. eben auf den Antillen ablenkt.

> La parole poétique de Césaire, l'acte politique, de Fanon nous ont menés *quelque part,* autorisant par détour que nous revenions au seul lieu où nos problèmes nous guettent. [...] Le Détour n'Est ruse que si le Retour le féconde : non pas retour au rêve d'origine, [...] mais retour au point d'intrication ; c'est là qu'il faut à la fin mettre en œuvre le composantes de la Relation, ou périr.[44]

Eine Zweiteilung zwischen Europa und Afrika lehnt Glissant außerdem ab, da diese Aufteilung wiederum dem Denken einer einzelnen Wurzel entspricht. Trotzdem betrachtet er die *Négritude* nicht als „falsch" sondern sieht in ihr eine Notwendigkeit, die den Ländern der Antillen in ihrem Selbstfindungsprozess zu neuem Selbstbewusstsein verholfen hat: „La poussée de la négritude chez les intellectuels antillais répondait peut-être au besoin, par référence à une souche commune, de retrouver l'unité (l'équilibre) par-delà l'éparpillement."[45]

Man kann also sagen, dass die *Négritude*, durchaus auch im Sinne Glissants, eine notwendige Voraussetzung und Grundlage bildete, nämlich das Wiederfinden des Gleichgewichts und der Einheit. Auf dieser Grundlage war es schließlich möglich, genauer zu differenzieren und sich weitergehenden, offenen Fragen zuzuwenden, die sich ganz allgemein mit der Identität der Kulturen der Welt auseinandersetzen.

---

[44] Glissant: *Antillais,* S.36.
Césaires dichterisches Wort, Fanons politische Tat, haben uns *irgendwohin* geführt, indem sie uns durch ihre Ausflucht an den Ort gelangen ließen, an dem unsere Probleme auf uns lauern. [...] Die Ausflucht als List ist nur erfolgreich, wenn die *Rückkehr* sie befruchtet, nicht die Rückkehr zum Traum vom Ursprung, [...], sondern die Rückkehr an den Punkt, von dem das Gewirr ausgeht; an diesem Ort müssen wir endlich in die Tat umsetzen, was die *Beziehung* besagt, oder wir gehen unter. (Übersetzung: Beate Thill)

[45] Glissant: *Antillais, S. 16.*
Der Schub der *Négritude* unter den Intellektuellen der Antillen entsprach wohl ihrem Bedürfnis, in einer gemeinsamen Wurzel die Einheit (Das Gleichgewicht) wiederzufinden, und damit die Zersplitterung zu überwinden. (Übersetzung: Beate Thill)

LITERATURVERZEICHNIS

Primärliteratur

Aimé Césaire : *Discours sur le colonialisme*, Paris, Présence Africaine, 1973.

Aimé Césaire: *Une tempête,* Paris, Seuil, 1969.

Édouard Glissant: *Le discours antillais,* Paris, Gallimard, 2008.

Édouard Glissant: *Introduction à une poétique du Divers*, Paris, Gallimard, 1996.

Édouard Glissant: *Poétique de la Relation,* Paris, Gallimard, 1990.

Sekundärliteratur

Quirin Wildgen: Aimé *Césaire zwischen Poesie und Politik,* Frankfurt, Lang, 2010.

Lightning Source UK Ltd.
Milton Keynes UK
UKHW010840030619
343780UK00002B/611/P

9 783656 828556